Charles Ernest Beulé

Polygnote

Essai

 Le code de la propriété intellectuelle du 1er juillet 1992 interdit en effet expressément la photocopie à usage collectif sans autorisation des ayants droit. Or, cette pratique s'est généralisée dans les établissements d'enseignement supérieur, provoquant une baisse brutale des achats de livres et de revues, au point que la possibilité même pour les auteurs de créer des œuvres nouvelles et de les faire éditer correctement est aujourd'hui menacée. En application de la loi du 11 mars 1957, il est interdit de reproduire intégralement ou partiellement le présent ouvrage, sur quelque support que ce soit, sans autorisation de l'Éditeur ou du Centre Français d'Exploitation du Droit de Copie , 20, rue Grands Augustins, 75006 Paris.

ISBN : 978-1976528026

10 9 8 7 6 5 4 3 2 1

Charles Ernest Beulé

Polygnote

Essai

Table de Matières

Introduction	6
Section I	7
Section II	12
Section III	22
Section IV	33

Introduction

Je suppose qu'un souverain appelle un peintre vraiment digne de porter ce nom et qu'il lui dise : « Vous êtes l'arbitre de votre destinée. Tout ce qu'un artiste peut souhaiter, nous vous l'offrons. Vous serez riche afin de ne dépendre de personne, puissant afin de ne point rencontrer d'obstacles, honoré afin de sentir l'aiguillon salutaire, de l'orgueil. L'Europe vous est ouverte. Chez quelque peuple que vous vous arrêtiez, vous serez accueilli avec reconnaissance, parce que vous ne recevrez point de salaire et parce que vos œuvres seront réputées le plus magnifique des présents. Vous désignerez les monuments qu'il vous plaira de couvrir de peintures. Les sujets seront de votre choix. Vous n'aurez d'autre surveillant que vous-même, d'autre guide que l'opinion, d'autre juge que la postérité. » — Évidemment le peintre, après s'être incliné, répondrait qu'un tel rêve est trop beau, que l'Europe ne ressemble pas au royaume fantastique des *Mille et une Nuits*, et il se demanderait avec inquiétude si le souverain n'a pas voulu se jouer de sa crédulité.

Telle est pourtant l'histoire exacte du peintre Polygnote. Ce qui paraît une chimère dans notre société à la fois compliquée et positive a été une réalité dans la société grecque, dont l'organisme aisé laissait tant de place à la liberté et à la poésie. Pour nous, l'idéal n'est qu'un mot ; chez les Grecs, l'idéal passait dans la vie, parce qu'ils savaient tout simplifier, même le bonheur. Se proposer un noble but, le poursuivre, en souriant, n'être ni le maître des circonstances, ni leur jouet, mais imiter le nageur habile qui se laisse porter par les vagues ou les traverse, accepter les plaisirs et chercher la gloire, posséder la richesse et la mépriser, être sans faste, mais aimer le beau avec passion, et par la beauté atteindre à la grandeur, voilà le secret de certaines existences heureuses dans l'antiquité, si heureuses que nous sommes enclins à les traiter de romans. En étudiant la carrière de Polygnote, on verra cependant qu'elle s'enchaîne naturellement et qu'elle est d'un exemple solide ? on admirera un caractère à la hauteur du talent, et tous les deux au-dessus de la fortune ; on apprendra comment se soutient la dignité de l'art et comment des œuvres faites pour charmer peuvent exercer sur les âmes une action morale

Charles Ernest Beulé

qu'enviaient les philosophes.

Section I

Au commencement du VIe siècle avant l'ère chrétienne, et à la fin des guerres médiques, vivait à Thasos un peintre nommé Aglaophon. Ce peintre avait deux fils auxquels il enseignait son art : l'un s'appelait Aristophon, l'autre Polygnote. L'art était facilement héréditaire à ces époques reculées, parce qu'il était un métier plus qu'une vocation. C'est ainsi qu'à Samos Théodore apprend de son père Rhœcos à fondre des statues ; c'est ainsi qu'à Chio les sculpteurs Mêlas, Micciadès, Anthermos et Bupalos appartiennent à la même famille.

Thasos est une île de la mer Egée, voisine des côtes de la Thrace ; une galère montée par de bons rameurs se rendait à Amphipolis en moins d'une demi-journée. L'île compte à peine quelques lieues carrées, mais la surface en est accrue par les soulèvements du sol, On y voit des montagnes de trois mille pieds d'élévation, et par conséquent des vallées profondes qui étaient fertiles dans l'antiquité. Le blé y était abondant, puisqu'on appelait Thasos la *Plage de Cérès*, les vins renommés, puisque Bacchus était le protecteur du pays et figurait couronné de lierre sur les monnaies de la ville. De hautes forêts couvraient les sommets non cultivés. Les montagnes cachaient dans leurs flânes, disait-on, de l'or, des améthystes et des opales. Aussi les Phéniciens, ces navigateurs habiles à découvrir les métaux et les matières précieuses, avaient-ils eu un comptoir à Thasos avant que les Grecs ne fussent assez forts pour les refouler vers le sud de la Méditerranée ; mais la principale source de richesse pour les thasiens, ce furent leurs possessions sur les côtes de la Thrace. Ils s'étaient emparés de Skapté-Hylé, de Galepsos, de Strymé, d'OEsyma, de Cranidès, où ils exploitaient autant de mines d'or. Les avantages qu'ils tiraient de cette exploitation étaient tels qu'ils évaluaient leurs revenus publics à 300 talens. Or les revenus réguliers d'Athènes avant la guerre du Péloponèse n'étaient que de 400 talens. Tant d'opulence appela le luxe : le luxe le plus noble à cette époque, c'était la peinture. L'architecture était un art de nécessité, la sculpture n'était pas moins utile à des peuples polythéistes qui voulaient des dieux à leur image, tandis que la peinture, née la dernière, encore à son enfance, n'était qu'un plaisir rare et magnifique.

Je ne rechercherai point les origines de la peinture, je ne renverrai pas non plus aux récits de l'antiquité, sans avertir qu'ils sont mensongers. Les Grecs trouvaient naturel que tout eût commencé avec eux ; ils se constituaient le principe de la civilisation entière. Ils avaient donc analysé, avec leur subtilité rigoureuse, les procédés de l'esprit humain quand il s'applique à la peinture ; ses opérations Successives étaient devenues autant d'inventions personnifiées par des artistes différents. Ainsi le premier essai de l'homme avait dû fixer sur un mur l'ombre projetée par un visage ; ils attribuaient cette idée à Saurias de Samos. Ensuite on avait dû imiter directement, à l'aide d'un trait, le contour des corps ; ils désignaient Philoclès et Cléanthe. Un autre progrès fut de retracer la saillie des os, les contractions des muscles, les plis des vêtemens, par des lignes multipliées ; ils nommaient Ardicès de Corinthè et Téléphane de Sicyone. La science des raccourcis et la perspective étaient représentées par Cimon de Cléone. Du dessin, on passa à la couleur. Ecphantos commencera par couvrir également son dessin d'une teinte de brique pilée. Eumaros, Athénien, distinguera l'homme et la femme par deux tons opposés, ainsi qu'on le voit sur les plus anciens vases grecs. Enfin la découverte des couleurs diverses, la peinture à l'encaustique, paraîtront à leur tour et comme à jour fixe. Un enchaînement si méthodique n'est point propre à nous persuader ; il excitait le doute parmi les anciens eux-mêmes, Théophraste, dont le sens était si fin, faisait dater la peinture de Polygnote.

La science moderne entrevoit au contraire ce que la Grèce a emprunté aux civilisations qui l'ont précédée. Ses mœurs étaient encore sauvages quand l'Égypte et les empires de la Haute-Asie avaient atteint déjà leur éclat. La Lydie, dont la grandeur expirait au temps de Solon, revendiquait sa part dans les progrès de la peinture, et, comme une colonie lydienne alla s'établir en Étrurie, les peintures des tombeaux étrusques donnent quelque force à cette prétention. Ce qui est certain, c'est que les plus anciens tableaux cités par les auteurs sont faits par des Grecs d'Asie-Mineure, par exemple *le Combat des Magnésiens*, peint par Bularque et couvert d'or par le roi Candaule, ou *le Passage du Bosphore*, œuvre de Mandroclès, que l'on conservait dans le temple de Samos. C'est à Éphèse, à Samos et dans les îles voisines de l'Asie-Mineure que l'on enseigne régulièrement l'art de peindre ou que l'on fonde les premiers concours ; c'est pourquoi le nom de l'école asiatique fut respecté par les Grecs du continent, même quand leur école helladique fut florissante. De la sorte, le mouvement se transmit d'Orient en Occident. Thasos l'opulente, qui tenait à la civilisation orientale par le voisinage, par le commerce, par des intérêts de tout genre, eut aussi des peintres de bonne heure. Les comparaisons sont rarement justes entre des époques si diverses, mais elles servent à rendre les faits plus sensibles. Avec cette réserve, les peintres primitifs de la Grèce pourraient être comparés aux peintres byzantins qui préparèrent la renaissance italienne, foule anonyme que personnifiait saint Luc. Dès lors Aglaophon serait le Cimabué de l'antiquité, tandis que Polygnote en serait le Giotto.

Aglaophon fut-il un de ces peintres qui enseignent leur art mieux qu'ils ne le pratiquent, professeurs plutôt que maîtres, et facilement dépassés par leurs élèves ? Il est vrai que Quintilien le met au même niveau que son fils Polygnote, et que Cicéron les place tous deux entre Apelle et Zeuxis ; mais il faut se défier de l'emphase des avocats romains, amateurs de l'art grec plus passionnés peut-être que clairvoyants. Au moment des guerres médiques, quand la sculpture était encore voisine de l'archaïsme, la peinture était certainement moins avancée, elle qui procédait de la sculpture et lui devait ses progrès. Deux détails, les seuls qui nous aient été transmis sur les œuvres d'Aglaophon, confirment ce soupçon : dans un de ses tableaux, on montrait un cheval très beau ; dans un autre, on remarquait qu'il avait peint la *Victoire* avec des ailes. Or les statuaires qui ont précédé Phidias excellaient déjà à faire des chevaux et des quadriges ; d'autre part, on sait que les sculpteurs de Chio et d'Éphèse avaient imaginé longtemps avant Aglaophon de représenter la Victoire avec des ailes.

La jeunesse de Polygnote fut obscure, remplie par l'étude et par des travaux lucratifs. Thasos pouvait donner la richesse, mais non la renommée. Les marchands payaient ses tableaux au poids de l'or ; leurs éloges ne s'étendaient pas au-delà d'un territoire exigu ou des ports de mer voisins. Polygnote apprit de son père tout ce que son père pouvait lui enseigner. Il chercha lui-même des procédés nouveaux, des moyens plus délicats, des compositions plus libres. On lui attribuait l'idée de mêler de la cire aux couleurs, afin de les faire pénétrer, à l'aide du feu, sur le marbre ou sur les enduits. Si l'esprit grec montre à toutes les époques un amour singulier du raffinement, le siècle de Périclès était par excellence le siècle des progrès rapides ; il semblait qu'une volonté commune animât les peuples et les artistes les plus divers, pour les pousser vers la perfection. Deux choses contribuèrent surtout à tirer Polygnote des errements de l'ancienne école et donnèrent l'essor à son génie : l'exemple des sculpteurs contemporains et la lecture d'Homère.

Dans le principe, la peinture avait été la servante de la sculpture, comme la musique fut celle de la poésie. Si la musique, avant de se constituer en un art particulier, n'avait été qu'une mélopée qui prêtait plus de majesté aux récitations des poètes, la peinture n'était qu'un auxiliaire, un complément de l'art du sculpteur. Elle avait préservé les antiques idoles de bois que la Grèce vénérait ; elle avait appliqué sur les statues de marbre ses teintes plus riches et son enduit conservateur ; elle avait émaillé de fleurs et d'ornements variés les vêtements des divinités ; enfin elle avait rehaussé les bas-reliefs qui formaient la frise des temples par ses tons éclatants et ses oppositions vigoureuses. Cette servitude lui fut salutaire : lorsqu'elle fut capable de se rendre indépendante, elle resta simple, idéale, ainsi que la sculpture, s'attachant comme elle à la pureté des lignes et à la beauté des formes, éprise du dessin plutôt que de la couleur, cherchant la noble disposition des figures plutôt que les effets de composition. Cette excellente discipline assura la grandeur subite des peintres grecs. Dès qu'ils purent imiter les sculpteurs, ils les égalèrent par la noblesse et le fini drs contours, par la justesse de la construction, par la naïveté charmante des attitudes, et surtout par cette exquise, simplicité dont les vases peints nous montrent des modèles innombrables. Les sculpteurs qui précédèrent Périclès avaient encore quelque rudesse, mais ils possédaient déjà une science précise, puissante, à laquelle il ne manquait qu'un peu de liberté pour atteindre la grâce. Les frontons d'Egine et les anciennes sculptures qu'on a retrouvées soit dans le Péloponèse, soit en Asie-Mineure, en sont la preuve. Certainement la peinture avant Polygnote avait, bien plus que la sculpture avant Phidias, un caractère conventionnel ; elle était comprimée par des formules étroites, elle avait quelque chose d'écrit comme les hiéroglyphes de l'Égypte ou les processions figurées sur les palais de Ninive. Ces deux artistes franchirent d'un seul bond toutes les barrières ; mais Polygnote, qui précéda Phidias, alla moins loin : il eut le grand style, mais non cette souplesse divine qui constitue la perfection. De même que Phidias avait commencé par être peintre, Polygnote avait étudié la sculpture. Pline, dans son trente-quatrième livre, le classe même parmi les sculpteurs. Ces deux grands maîtres avaient voulu compléter leur éducation, sachant combien les diverses branches de l'art sont unies étroitement, sachant surtout que, si la variété d'applications épuise les esprits médiocres, pour les esprits vigoureux s'étendre, c'est s'agrandir.

Tandis que la sculpture lui révélait la science des formes, Polygnote apprenait, en étudiant Homère, l'art de penser et les conceptions fortes. Homère est considéré comme le père de la littérature grecque : tous les genres, depuis la tragédie jusqu'à l'idylle, sont contenus, dit-on, dans *l'Iliade* et dans *l'Odyssée*, de même que le fruit dans la fleur. Les arts d'imitation ne s'inspirèrent pas moins de la grande épopée nationale. Dès qu'ils ne représentaient plus des dieux, c'étaient les héros de la guerre de Troie. La peinture sûr-tout, qui était moins utile à la religion et moins enchaînée que la statuaire, chercha dans Homère ses sujets favoris. Que de vieux vases, où les figures noires se détachent sur un fond rouge, nous montrent le combat d'Achille et d'Hector, la mort de Patrocle, l'enlèvement de Thétis par Pelée ! D'autres sujets homériques étaient reproduits sur les frises, sur les trônes des divinités, sur les coffrets, précieux, sur l'ivoire sculpté, avec quelle naïveté, c'est ce que nous apprend le bas-relief du Louvre où Agamemnon et son héraut Thalthybios sont désignés par une inscription. Polygnote ne trouva pas seulement des motifs dans les poèmes d'Homère ; il y puisa des pensées hautes et graves, le sentiment de la grandeur et de la simplicité, les attitudes héroïques, les mouvements dramatiques, l'expression de passions plus qu'humaines ; il y démêla ce mélange de morale et de beauté qui enflammait Alexandre et charmait Horace. L'éducation littéraire est précieuse pour des artistes qui veulent s'élever au-dessus de l'épisode ou du portrait. Les vastes pages de la peinture décorative exigent autant de méditations, de force d'esprit concentrée, de puissance de créer, qu'un poème ou une démonstration philosophique. Nous verrons bientôt ce que Polygnote tira de cette généreuse nourriture.

Section II

L'an 465 avant Jésus-Christ, une flotte athénienne parut devant Thasos. Elle était commandée par Cimon. Vainqueurs des Perses, chefs d'une puissante confédération, tantôt portant leurs ravages sur les côtes d'Asie, tantôt soumettant les îles à l'obéissance et au tribut, les Athéniens fondaient l'empire maritime qui menaçait de s'étendre sur toute la Grèce. Thasos était désignée à leur convoitise par sa richesse même. On ne possède point impunément des mines d'or. Elle ne pouvait résister, et toutes ses possessions passèrent dans les mains des Athéniens. Cette spoliation n'excita point les haines qu'elle eût soulevées en d'autres temps : le prétexte du bien public couvrait tout. En outre Athènes exerçait un prestige qui la fit reconnaître tacitement pour la capitale intellectuelle de la Grèce. L'éclat dont elle avait brillé sous le règne de Pisistrate et de ses fils n'avait point été effacé, mais plutôt rehaussé par l'héroïsme qu'elle déploya dans les guerres médiques. Cette ville aimable, où les arts avaient fleuri de bonne heure, où les poètes avaient trouvé des couronnes, où la première bibliothèque avait été fondée, où les vers d'Homère avaient été recueillis pour la première fois, s'était livrée à la vengeance du grand roi pour défendre la Grèce. Ses citoyens l'avaient abandonnée pour monter sur leurs vaisseaux : ils l'avaient laissé réduire en cendres pour unir leurs forces à celles des autres peuples et les contraindre à sauver la liberté commune. Enfin le caractère athénien offrait déjà cette conciliation intelligente qui, au milieu des races diverses, prépare une ville à devenir leur centre : une hospitalité large, l'accueil le plus flatteur pour les écrivains et les artistes, le droit de cité pour toutes les idées, une souplesse se pliant à des mœurs opposées, l'esprit d'initiative et un besoin insatiable de perfection, un goût exquis, naturel chez les plus rustiques, irrésistible chez les habiles, une douce tyrannie d'opinion, qu'affermissaient de fines plaisanteries, la violence dans l'amour du beau, une mesure divine dans sa poursuite, des plaisirs multipliés, mais délicats, la persuasion, l'enjouement, la grâce familière ; en un mot, ce qui séduit dans un peuple et ce qui lui fait tant pardonner. Les Français, qui se comparent volontiers aux Athéniens, n'ont-ils pas, eux aussi, le privilège de fatiguer l'Europe et de la charmer ? Ils excitent son envie, quelquefois sa colère, mais elle ne peut se dérober à leur influence pleine d'attraits. Polygnote n'eut donc point de peine à céder aux prières de Cimon, qui lui montrait une série de travaux magnifiques ; il se rendit avec joie dans-une ville qui lui promettait des richesses qu'il aurait le droit de refuser, une scène plus vaste, et surtout la gloire, ce mot si cher à toute âme grecque.

Lorsqu'il débarqua au Pirée, le spectacle qui s'offrit à lui fut loin de répondre à l'idée qu'il se formait de sa nouvelle patrie. La plaine où d'eux fois les armées innombrables des Perses avaient campé était dévastée, et des rejetons verdoyants ne remplaçaient point les oliviers séculaires que Minerve et Cécrops avaient plantés. Les ruines des temples incendiés par Xerxès montraient à chaque pas des colonnes noircies, des murs chancelants, des plafonds écroulés. Les Athéniens ne souffraient point qu'on fît disparaître ces débris vénérables qui nourrissaient leur haine contre les Barbares. Les fortifications, élevées à la hâte pendant que Thémistocle trompait les Spartiates par ses discours, étaient faites des matériaux les plus divers, qu'on avait ramassés parmi les ruines et placés au hasard. Les maisons étaient elles-mêmes assez misérables, petites, faites de briques ou de terre séchée au soleil, jetées çà et là sur les rochers ; les rues, étroites, tortueuses, envahies par le caprice des particuliers, n'avaient point été soumises à ces alignements vastes et inexorables dont les modernes sont fiers. Au retour de Salamine, l'occasion avait été belle cependant pour tracer une ville au cordeau : tout était à reconstruire, puisque tout était détruit ; mais les Athéniens respectaient la liberté dans les plus petites choses, et les droits de ceux qui possédaient le sol leur paraissaient sacrés.

Toutefois, après ces impressions tristes, qui rappellent si vivement la chute héroïque d'Athènes et la rendaient chère aux Grecs, pour qui elle s'était immolée, des impressions plus riantes touchaient le voyageur. De tous côtés, les visages respiraient l'ardeur, la confiance, l'allégresse et cet orgueil tranquille qu'inspire la fortune enchaînée. Les flottes arrivaient chargées des dépouilles de l'Asie, les guerriers agitaient leurs trophées et repartaient pour de nouvelles victoires, les marchands accouraient des pays les plus lointains, les ambassadeurs venaient payer les tributs : la richesse se montrait partout, la richesse, mère des grandes entreprises. La ville avait l'activité d'une ruche bourdonnante. Des ouvriers innombrables travaillaient à élever des temples et des monuments. Ici l'on bâtissait les Longs-Murs, qui devaient relier Athènes au Pirée ; là on refaisait les fortifications de l'Acropole du côté du sud, et le temple de la Victoire, orné de sa charmante frise, commençait à couronner le bastion qui regarde le Pnyx. Le temple des Dioscures, celui de Thésée, des monuments de tout genre, sortaient de terre, et les carrières du Pentélique ne cessaient point d'envoyer leurs marbres d'une blancheur irréprochable. Le Pœcile, non encore achevé, ouvrait déjà son double portique, si propre à abriter des peintures. Enfin Cimon lui-même, qui était riche et qui soutenait sa popularité par d'intelligentes largesses, faisait embellir les jardins d'Académus, où les citoyens venaient chercher le repos et la fraîcheur : il ornait à ses frais de fontaines, d'exèdres et de sièges élégants les carrefours et les places publiques. On ne trouvait ni assez de mains ni assez de talents pour suffire à l'élan d'un peuple qui réparait ses revers, et passait d'une jeunesse invincible à une maturité féconde et toute-puissante.

Polygnote, que Cimon estimait sa conquête la plus précieuse, fut aussitôt employé. Il partagea la tâche des artistes athéniens, qui le traitèrent en égal d'abord, bientôt en maître. Il se lia d'une amitié particulière avec un peintre nommé Micon, qui était en même temps sculpteur, car l'antiquité, de même que la renaissance italienne, offre de fréquents exemples de ces applications diverses du même talent. On suppose en outre que Micon était architecte, et que ce fut lui qui construisit le temple de Thésée, après que Cimon eut rapporté de Skyros les ossements du demi-dieu exilé. Les parois intérieures de ce temple étaient décorées de peintures qui ont malheureusement disparu, lorsque les chrétiens en firent une église. Tandis que Micon retraçait la *Guerre des Amazones* et le *Combat des Athéniens contre les Centaures*, sujets familiers à la sculpture, Polygnote traitait un sujet plus neuf et plus délicat. Parmi les traditions qui constituaient la *Légende de Thésée*, il y en avait une qui montrait ce roi en présence de Minos, assis sur une plage de la Crète. Thésée se disait fils de Neptune, Minos le niait, et, jetant son anneau dans la mer : « Si tu es fils de Neptune, lui dit-il, rapporte-moi cet anneau. » Thésée se précipite aussitôt dans les flots ; mais les nymphes et les divinités marines le saisissent et le conduisent devant Amphitrite, qui lui remet une couronne étincelante d'or et de pierreries, gage de son illustre origine, symbole en même temps de la puissance et des richesses promises à un peuple de marins. Peu de tableaux étaient plus propres à toucher le cœur des Athéniens ; on en devine pourtant la difficulté. Une double scène, un paysage, de la perspective, la transparence des flots, des divinités belles et richement ornées, voilà ce que devait rendre un art qui n'avait encore que peu de ressources et manquait de souplesse.

Je ne répondrais point que Polygnote eût triomphé complètement d'un tel sujet ; mais assurément Micon n'était point capable de le traiter. Il avait son cercle favori, comme les artistes des écoles primitives, et n'en sortait point aisément. Il faisait bien les chevaux, ainsi que la plupart des sculpteurs du Péloponèse, accoutumés à copier les quadriges des vainqueurs olympiques ; il les peignait avec tant de minutie, qu'il ajoutait des cils, même aux paupières inférieures, ce qui indignait Cimon, l'auteur d'un traité sur l'art hippique ; il mettait donc des chevaux dans toutes ses compositions. Ingénieux, habile à éluder ce qui l'embarrassait, ignorant l'art des raccourcis, s'il peignait par exemple le héros Butès écrasé sous un rocher, il avait soin de n'en faire voir que la tête et les yeux. Polygnote, au contraire, avait une main plus hardie, un pinceau plus fleuri. « Le premier, nous dit Pline, il représenta les femmes avec leur parure, leurs vêtements aux broderies brillantes, leurs coiffures variées. Il rompit l'immobilité et la rigueur des muscles du visage, tradition écrite de ses prédécesseurs ; il ouvrit la bouche de ses personnages, sut les faire sourire en répandant sur leurs joues un coloris aimable. » En un mot, il créa l'expression. Seul il put donc représenter Amphitrite entourée des nymphes de l'humide empire. Il dut même aider Micon à peindre ses Amazones avec plus d'éclat.

Nous retrouvons les deux amis décorant un autre temple, le temple de Castor et de Pollux. Micon y représenta l'*Expédition de Jason en Colchide*, parce que Castor et Pollux avaient aidé à la conquête de la toison d'or. Il avait profité déjà des conseils et de l'exemple de Polygnote, il avait gagné plus d'audace et en même temps plus de délicatesse, car il n'omit ni Médée ni les filles de Pélias. Polygnote peignit sur l'autre paroi *les Dioscures enlevant les filles de Leucippe*, scène qui a séduit Rubens, ainsi que l'atteste le tableau qui est au musée de Munich ; mais le sujet qu'un peintre moderne renferme dans un cadre étroit, le peintre grec l'avait étendu sur toute la longueur du temple ; Les filles de Leucippe n'étaient point seules, mais entourées d'une troupe de jeunes vierges, leurs compagnes. La nouvelle annoncée à Leucippe, la poursuite peut-être, la réconciliation, toute la cérémonie du double mariage, fournissaient des compositions variées, libres, se prêtant à la fois à la richesse et au grand style, car il ne faut point oublier que chez Polygnote le goût de l'élégance est toujours subordonné à une gravité qui fait de lui un digne précurseur de Phidias.

Le succès de ces premières œuvres avait rendu Polygnote cher aux Athéniens, et leur faisait souhaiter avec passion que tous leurs monuments fussent aussi magnifiquement décorés. Ce qu'ils n'admiraient pas moins, c'était le désintéressement d'un artiste qui refusait tout salaire et ne travaillait que pour la gloire. Il y avait dans la ville un portique, lieu de promenade où les citoyens s'abritaient, soit contre les vents piquants qui soufflaient pendant l'hiver, soit contre les rayons ardents de l'été. Ce portique était double, adossé à un mur commun, regardant à la fois le nord et le midi. Les ruines de la villa Adrienne, au-dessous de Tivoli, nous aident à comprendre la disposition d'un édifice que l'empereur Adrien avait fait exactement imiter. Cette longue muraille, si bien protégée, appelait naturellement des peintures. Polygnote et Micon furent chargés de l'orner, et, comme l'entreprise était considérable, ils s'adjoignirent Panœnos, frère de Phidias.

Il est vraisemblable que Polygnote eut la haute main sur ces travaux, d'abord parce que Micon et Panœnos reconnaissaient eux-mêmes sa supériorité, ensuite parce que l'indépendance de son caractère, l'amitié de Cimon, et cette autorité singulière que gagne un artiste qui ne veut rien recevoir d'un peuple, mais lui fait présent de ses œuvres, imprimaient le respect aux Athéniens. En effet, la plupart des auteurs anciens, quand ils parlent de ce portique, qui s'appela dès lors *le Pœcile* (le portique aux couleurs variées), ne nomment que Polygnote, de même que les modernes, quand il s'agit des sculptures si nombreuses du Parthénon, ne nomment que Phidias. Nous savons cependant que Micon peignit le *Combat des Athéniens contre les Amazones*, sujet qui lui était familier, tandis que Panœnos représenta *la Bataille de Marathon*, où il s'efforça de faire reconnaître des personnages qui étaient morts où qu'il n'avait pas connus : Miltiade, Callimaque, Cynégire, chefs des Athéniens, Datis et Artapherne, satrapes qui commandaient les Perses, sans oublier un chien qui avait pris part au combat, et que le peuple voulut voir figurer sur la muraille. Par une réserve pleine de délicatesse, Polygnote laissait à un artiste athénien le soin de retracer la page la plus glorieuse de l'histoire nationale, sachant qu'elle aurait par-là, aux yeux de ses concitoyens, encore plus de prix qu'une composition plus belle exécutée par un étranger. Toutefois le sujet était trop vaste et trop grandement conçu, pour que Polygnote n'eût pas soutenu Panœnos de ses conseils, pour qu'il ne lui eût pas fourni des esquisses, prêté même une aide plus efficace, mais en secret, en lui laissant tout l'honneur de l'œuvre. On voyait d'abord le commencement de la bataille, lorsque les Athéniens et les Platéens reçoivent le choc des Barbares ; plus loin, la victoire se décidait, et les Perses en déroute se précipitaient dans les marais de Marathon ; enfin, à l'extrémité du portique, on les voyait se réfugier sur les vaisseaux phéniciens attachés au rivage, tandis que les Grecs les taillaient en pièces. Les dieux et les demi-dieux, qui avaient soutenu les Athéniens dans cette lutte terrible étaient également représentes.

Sur la partie qu'il s'était réservée, Polygnote traça, un grand drame tiré du cycle homérique : *la Prise de Troie*. Comme il reprit ce sujet à Delphes et le traita avec plus d'étendue, nous regrettons moins le silence des auteurs, qui ne décrivent point cette composition, mais qui nous apprennent seulement qu'on y remarquait Cassandre, Ajax et le jugement suscité par les violences sacrilèges d'Ajax : en outre ils signalent Laodicé, une des captives troyennes, qui offrait tous les traits d'Elpinice, sœur de Cimon. Elpinice était la maîtresse de Polygnote, et le peintre avait voulu immortaliser la beauté de celle qu'il aimait.

La gloire que Polygnote dut à l'exécution d'une telle œuvre rejeta dans l'ombre Micon et Panœnos, ses collaborateurs. Comme ils étaient pauvres et forcés d'exiger un salaire, ils en parurent rabaissés par comparaison avec l'étranger magnifique qui faisait don de tout ce qu'il produisait. Les Athéniens se plurent à exalter le peintre de Thasos ; ils lui attribuèrent tout l'honneur du Pœcile, et la postérité se fit l'écho de leur enthousiasme. Ils lui décernèrent le titre de citoyen, titre si envié, si rarement accordé à cette époque, et que sollicitait en vain, quelques années plus tard, Agoracrite, le plus brillant élève de Phidias. Au contraire, Panœnos et Micon devinrent l'objet de leur mauvais vouloir et de ces persécutions mesquines dont la démocratie athénienne avait le secret, s'il est vrai toutefois que Micon ait été cité en justice et condamné pour avoir peint les Barbares plus grands que les Athéniens, ce qui blessait l'orgueil national. Ce peuple si libéral et si charmant a donné bien d'autres preuves d'une puérile ingratitude.

Quant à Polygnote, il n'eut jamais qu'à se louer de leur constance. Tant qu'il vécut parmi eux, il fut entouré d'honneurs. Admis dans l'intimité de Cimon, il partageait ses plaisirs et nourrissait en lui l'amour des belles choses. Cimon avait la passion des arts ; il voulait faire d'Athènes la reine des villes. S'il n'eût été exilé, peut-être eût-il prévenu Périclès et donné son nom au grand siècle. Entouré d'artistes, il payait lui-même d'exemple, et passait pour bon musicien. Généreux, ouvert, familier avec noblesse, non-seulement Cimon se faisait chérir, mais il se faisait tout pardonner. Au retour des expéditions, il ne fuyait ni les festins ni les courtisanes ioniennes. Si les citoyens le rencontraient quelquefois un peu échauffé par le vin, ils souriaient en se disant qu'Hercule s'enivrait aussi pour se reposer de ses travaux. Ils savaient que le lendemain le fils de Miltiade repartait pour de nouveaux triomphes. Les temps de guerre et d'héroïsme ne vont point sans licence : on permettait beaucoup à ceux qui chaque jour exposaient leur vie. En outre, pour entrevoir cette curieuse époque, il faut se souvenir que c'était une époque de transition, ce qui signifie souvent de désordre. Les mœurs se transformaient. Les costumes ioniens, aux plis moelleux et traînants, faisaient place au vêtement dorien. Les longues chevelures disparaissaient, et avec elles les cigales d'or qui en attachaient les boucles compliquées. Tout devenait plus simple, plus sévère, parce que la démocratie grandissait, parce qu'Athènes devenait de plus en plus la rivale attentive du Péloponèse, où tout était dorien. Le parti aristocratique, qui devait bientôt succomber, jouissait avec insouciance de ses derniers beaux jours. Cimon, qui en était le chef, était aussi l'instigateur des plaisirs et des fêtes, que défrayait un butin facilement renouvelé. Polygnote, accoutumé au luxe de l'Asie, porté par ses instincts vers l'aristocratie, se mêlait à la troupe joyeuse. Il était, on l'a vu, l'amant d'Elpinice, sœur de Cimon, fille et petite-fille de rois. Loin de cacher sa passion, Elpinice en tirait vanité ; elle se faisait peindre sur les murs du Pœcile, afin de consacrer publiquement et ses traits et la gloire d'être aimée par un grand artiste. Veuve du riche Callias, instruite, intelligente, s'affranchissant des lois du gynécée pour montrer aux hommes qu'elle était digne de converser avec eux, Elpinice fut pour Cimon et Polygnote ce que plus tard Aspasie fut pour Périclès et Phidias.

Les plaisirs, goûtés avec cette mesure et cette élégance qui appartiennent à l'esprit grec, n'empêchaient point Polygnote de poursuivre ses travaux : ils étaient nombreux, et les écrivains de l'antiquité sont loin de nous les avoir signalés tous. Par exemple, ils ne nous disent point dans quel édifice se trouvaient des peintures qui furent transportées plus tard dans les propylées de l'Acropole. Soit que les monuments eussent été démolis, soit que les murs eussent paru menacer ruine, soit enfin que ces œuvres de Polygnote fussent des tableaux mobiles, on les avait recueillies dans la jolie salle de marbre qui forme une des ailes des Propylées, et qu'on appela dès lors la *Pinacothèque*, c'est-à-dire la *galerie de tableaux*. Les peintures avaient beaucoup souffert ; le voyageur Pausanias avoue même qu'il ne distingua qu'avec peine certaines compositions presque effacées. Il était grand temps que ces précieux restes fussent sauvés par les Athéniens. Voici, parmi des tableaux de divers auteurs, ceux qui étaient attribués à Polygnote.

On voyait d'abord *Diomède* et *Ulysse*, ces compagnons inséparables, toujours prêts aux aventures et aux exploits hardis. L'un venait de saisir les flèches de Philoctète, l'autre emportait la statue de Minerve ravie aux Troyens, double talisman qui assurait aux Grecs la victoire. Un autre couple non moins célèbre servait de pendant aux deux héros : c'était *Oreste* tuant Égisthe, et *Pylade* tuant les fils de Nauplios qui veulent secourir Égisthe.

Section II

Que dire d'*Achille à Skyros* caché parmi les filles de Lycomède ? Pausanias ne fait qu'indiquer un sujet que nous retrouvons traité à Pompéi avec les caractères d'une copie. Malgré une exécution médiocre, un coloris dur et désagréable, qui sont du copiste, la composition et le dessin sont d'une grande beauté. La trompette guerrière a retenti, le bruit des armes s'est fait entendre, Achille s'est précipité sur l'épée et le bouclier qu'Ulysse avait mêlés aux parures féminines qu'il feignait de vendre. Déjà il descend les degrés du palais ; ses yeux cherchent l'ennemi, ses vêtements en désordre ne dissimulent plus des formes mâles et vigoureuses. En vain le sage Phœnix cherche à le retenir, Ulysse l'a déjà saisi et l'entraîne. Déidamie, qu'Achille avait rendue mère, accourt effrayée ; elle essayait les présents d'Ulysse et se montre presque nue sur le seuil du palais ; dans le fond, Lycomède et ses gardes sous le portique orné de guirlandes. Il y a dans cette scène un mouvement, un feu surprenants : c'est une des belles compositions de Pompéi. Je n'ose affirmer que ce soit une copie de Polygnote, quoique la plupart des peintures importantes de Pompéi soient des réminiscences des maîtres grecs. Ce serait plutôt une abréviation libre. Polygnote, selon Pausanias, n'avait pas représenté Déidamie seule, mais avec toutes ses sœurs. Comme ce peintre excellait à peindre les femmes, les filles d'un roi et leurs brillantes parures offraient une ample matière à son pinceau.

Le *Sacrifice de Polyxène* était une scène plus pathétique encore, et je ne puis m'empêcher de croire que c'est en contemplant dans les Propylées l'œuvre de Polygnote qu'Euripide écrivait ce récit d'une émouvante simplicité, la page la plus touchante de sa tragédie d'*Hécube*. Néoptolème, fils d'Achille, a tiré de sa gaine le couteau doré ; par l'ordre d'Agamemnon, on laisse libre la jeune vierge, qui veut descendre parmi les morts, non pas en esclave, mais en reine* « Elle a entendu cette parole de ses maîtres. Prenant ses voiles au-dessus de l'épaule, elle les déchire jusqu'au milieu des flancs ; elle découvre sa poitrine et ses seins, beaux comme ceux d'une statue ; puis, posant le genou en terre : — Voici ma poitrine, jeune guerrier, si c'est là que tu désires frapper. Si c'est à la gorge, la voici prête et tournée comme il le faut. — Mais lui, ému de pitié, ne veut pas la frapper, et le veut… » Suspension terrible, qui donne un tableau tout fait.

Charles Ernest Beulé

Enfin Polygnote avait emprunté au sixième chant de l'*Odyssée* une scène qui prêtait aussi singulièrement à la peinture, *Ulysse se présentant à Nausicaa* et à ses compagnes, qui sont venues laver au fleuve. Il avait sans doute choisi le moment où les jeunes filles jouent à la balle pendant que les vêtements précieux sèchent au soleil. « Au milieu d'elles, Nausicaa aux beaux bras dirige les jeux. Telle Diane, qui se plaît à lancer des flèches, parcourt les montagnes, le haut Taygète ou l'Érymanthe, à la poursuite des sangliers et des cerfs rapides. Autour d'elle jouent les nymphes des bois, filles du dieu qui porte l'égide, et Latone se réjouit dans son cœur. La fille d'Alcinous jette à une de ses compagnes la balle légère, qui s'égare et va tomber dans le courant profond. Toutes poussent un grand cri. Aussitôt le divin Ulysse sort des buissons qui le cachent. Il s'avance comme le lion nourri dans la montagne, qui, se confiant dans sa force, marche trempé de pluie et battu par l'orage. Il leur apparaît horrible, souillé par l'onde amère... » On se demande si un artiste n'était pas plutôt téméraire en voulant lutter avec de telles beautés que sage en s'inspirant d'un grand poète dont les chants étaient gravés dans toutes les mémoires ; mais Polygnote était accoutumé à rivaliser avec Homère, de même que Raphaël à rivaliser avec la Bible.

L'histoire ne nous transmet aucun détail sur les autres peintures dont Polygnote a pu orner les monuments athéniens. Peut-être était-ce d'Athènes que les Romains avaient tiré un tableau qui était placé sous le portique de la curie de Pompée, et représentait un Guerrier avec son bouclier. Peut-être était-ce à Athènes que se voyait le *Châtiment de Salmonée*, cet impie que, même dans les enfers, les foudres de Jupiter ne cessaient point de frapper. L'histoire ne nous apprend pas non plus pourquoi l'artiste célèbre quitta la ville qui l'avait adopté ; mais il est aisé d'en deviner la cause. Le bannissement de Cimon, la disgrâce de ses amis, l'abaissement de ses partisans, la suspension des travaux, une vie déconcertée, la tristesse qui accompagne toute crise politique, l'amertume des souvenirs et des comparaisons, une fidélité généreuse qui s'attachait aux vaincus, tout devait éloigner d'Athènes un homme qui n'y pouvait plus faire de grandes choses. Périclès ne promettait point encore aux arts la splendide carrière qu'il leur ouvrit plus tard. Pendant seize années, c'est-à-dire depuis l'exil de Cimon jusqu'à la paix de trente ans, le nouveau chef de la république fut réduit à l'impuissance par des guerres répétées, par les dissensions intérieures, par les oscillations redoutables d'une démocratie non encore réglée, et surtout par la pénurie du trésor public. Phidias était le seul confident des nobles projets qui devaient assurer à l'école attique un éclat incomparable. Polygnote ignorait ces projets : il ne voyait dans Périclès que l'ennemi de Cimon, le représentant de la foule déchaînée. Il s'éloigna, appelé par d'autres villes grecques, qui se disputaient à l'avance ses bienfaits, et lui offraient l'occasion d'étendre sa gloire.

Section III

Polygnote se dirigea vers la Grèce du nord. Il franchit le Cithéron, descendit vers les sources de l'Asopus, et se trouva aussitôt à Platée, petite ville aimée des Athéniens, habitée par un peuple héroïque qui était accouru le premier à leur secours, et qui seul avait pris part au combat de Marathon. Pendant ce temps, les Thébains, alliés de Xerxès, avaient détruit Platée ; mais Athènes la releva, ramena les Platéens en leur adjoignant une colonie, les traita en frères, leur prodigua une partie de ses richesses, afin d'élever un temple en souvenir du triomphe commun, et leur envoya Phidias pour construire avec de l'or et de l'ivoire une statue colossale de Minerve. Rester à Platée, c'était donc encore pour Polygnote ne point quitter le sol athénien. Il voulut, lui aussi, contribuer à embellir le temple de Minerve. Tandis qu'un artiste dorien, Onatas, représentait sur un des longs côtés du sanctuaire la *Guerre des sept chefs* contre Thèbes, Polygnote peignait sur la paroi opposée le *Massacre des prétendants par Ulysse*. « Alors Minerve, du sommet du portique, éleva dans les airs son égide funeste aux mortels : aussitôt les cœurs des prétendants furent remplis de terreur. Ils couraient éperdus dans le palais, comme un troupeau de bœufs que poursuit de ses piqûres un taon rapide dans la saison du printemps, quand commencent les longs jours. De même que des vautours aux serres puissantes et au bec recourbé se précipitent des montagnes sur les oiseaux qui voltigent dans la plaine, se défiant des filets,... de même Ulysse et ses compagnons se ruaient sur les prétendants et les frappaient de tous côtés ;

mais eux poussaient des cris lamentables, tandis que les coups résonnaient sur leurs têtes. Tout le sol ruisselait de sang. » Ce sujet avait été dicté à l'artiste par une pensée juste et profonde : Ulysse délivrant sa demeure des ravisseurs était l'emblème des Platéens recouvrant leur patrie sur les Perses et les Thébains : Minerve aussi leur avait donné la victoire.

De Platée, Polygnote se rendit à Thespies, au pied de l'Hélicon, Thespies, célèbre par le culte quelle rendait à l'Amour, plus célèbre dans la suite par les statues de ce dieu qu'elle devait au ciseau de Lysippe et de Praxitèle, Thespies qui prétendait avoir été fondée par l'Athénien Thespios, descendant d'Érechthée. Il semble que Polygnote ait cédé plus volontiers à l'appel des villes qui se rattachaient par quelque lien à sa chère Athènes : c'était une façon de s'éloigner sans secousses et de se consoler par la douceur des souvenirs. On ignore de quelle œuvre il fit don aux Thespiens ; on sait seulement qu'il avait peint un édifice, et que le mur qui portait ses peintures dut être refait un siècle plus tard, sans doute après un incendie. Pausias, peintre de Sicyone, contemporain d'Apelle, fut chargé de décorer la nouvelle muraille ; mais entrer en lutte avec le grand Polygnote était une entreprise téméraire. La comparaison fut fatale au Sicyonien, qui excellait surtout dans les petits sujets et qui avait appris à imiter les fleurs en vivant avec Glycère, la belle marchande de couronnes. Nous ne sommes pas moins sévères aujourd'hui pour les artistes qui ont été chargés de restaurer les fresques de Raphaël à la Farnésine.

Enfin Polygnote, après un séjour prolongé à Thespies comme à Platée, se dirigea vers Delphes, la ville sainte. De même que Phidias exilé ne devait point consentir à illustrer des peuples rivaux des Athéniens, mais se confinait à Olympie, terrain neutre, que le bruit des armes ne troublait jamais, que les prêtres seuls habitaient, que tous les Grecs nommaient leur patrie commune, de même Polygnote ne voulut point embellir des villes ennemies d'Athènes, et Delphes ne l'attira que parce qu'elle était aussi une ville consacrée par la religion, respectée et visitée par toute la Grèce, ornée à l'envi par les nations les plus opposées. Olympie et Delphes étaient pour l'antiquité païenne ce que Jérusalem et Rome sont pour le monde chrétien.

Delphes est sur la pente du Parnasse et domine la vallée du fleuve

Pleistos, ombragée par de magnifiques oliviers, qu'il ne faut point comparer aux maigres arbustes de la Provence, mais plutôt aux oliviers de Tivoli. Ce sont des arbres élevés, des troncs séculaires, au pied desquels des irrigations bien ménagées entretiennent une humidité féconde ; leurs feuilles, dont le dessous est gris et comme argenté, se détachent légèrement sur le ciel si pâle, si transparent de la Grèce. Les deux sommets du Parnasse, tant chantés par les poètes, sont séparés par une vaste fissure. À l'endroit même où cette fissure s'arrête et où jaillit la fontaine Castalie, Delphes s'étend sur une terrasse naturelle, disposée en forme de théâtre, adossée à des rochers à pic, dont les couleurs sont éclatantes et dont en même temps l'aspect est sévère. L'air est pur, la vue admirable, et les aigles qui traversent le ravin semblent avertir qu'on est plus près du ciel. Afin que notre imagination ne craigne point de se former de ce site une idée trop grandiose, afin qu'elle se repose sur d'exactes proportions, il faut se rappeler que le Parnasse, couronné de neige pendant huit mois de l'année, est haut d'environ sept mille pieds.

L'oracle de Delphes a joué un grand rôle dans la société antique. Pouvoir spirituel sur lequel s'appuyaient les pouvoirs temporels et que l'on ne dédaignait pas impunément, guide des rois, des généraux, des fondateurs de colonies, sanction des législateurs, de Solon comme de Lycurgue, conseil journalier des particuliers, arbitre de la guerre et de la paix, selon qu'il prédisait la victoire ou menaçait de la colère des dieux, mélange, de politique généreuse et de vues intéressées, de haute sagesse et de puériles supercheries, l'oracle de Delphes fut jusqu'à Périclès le lien moral de la Grèce. Il perdit alors de son autorité parce qu'il resta fidèle à Sparte et au principe dorien, et surtout, parce que la philosophie et l'incrédulité avaient gagné les hommes d'état ; mais au temps de Polygnote l'oracle jouissait de tout son crédit, et Delphes pouvait se dire avec quelque vraisemblance le *centre de la terre*, c'est-à-dire du monde ancien. De toutes parts affluaient les offrandes ; de toutes part arrivaient les ambassadeurs, ceux de Crésus comme ceux de Tarquin, ceux de Rome républicaine, de l'Étrurie, de Marseille, de la Sardaigne, de l'Occident en un mot, comme ceux de la Macédoine, de l'Asie et des îles les plus reculées de l'Orient. Que de dons magnifiques ! que de statues ! que de monuments ! Chaque peuple de la Grèce élevait un édifice, nommé *Trésor*, où il consacrait ses trophées ; chaque vainqueur, chaque athlète apportait sa statue : on en compta plus tard jusqu'à trois mille. Toutes ces richesses de l'art se pressaient, non pas avec la symétrie, avec les vastes intervalles, les places, les avenues, les vides qu'aiment les modernes et qui répugnent au goût antique ; le Forum romain, l'Acropole d'Athènes en sont la preuve. Au contraire tout était placé au hasard, rassemblé selon le caprice de chaque époque avec une certaine irrégularité que l'art ne redoutait point, avec une apparence de désordre plus pittoresque qu'une froide ordonnance et propre à produire le mouvement, la variété, l'harmonie. Car il y a cette différence profonde entre notre goût et le goût des anciens : dans nos places, dans nos façades, dans nos groupes de monuments, nous voulons la symétrie ; les Grecs cherchaient l'harmonie. La symétrie établit partout l'équilibre, la régularité ; ce qui est à droite, elle le répète à gauche ; elle promène le cordeau et l'équerre avec l'exactitude du géomètre, — en un mot, c'est une science. L'harmonie au contraire ne force ni les terrains ni les niveaux, elle accepte les obstacles, elle respecte toutes les convenances, elle en profite, elle aime les oppositions et naît parfois des discordances ; — c'est un sentiment. Si l'on veut apprendre combien en matière d'art, le sentiment est supérieur à la science, que l'on compare nos ensembles de monuments les plus vantés aux ensembles de ruines, oui, même de ruines, que nous montrent aujourd'hui Athènes et Rome !

C'est dans cet immense sanctuaire, qui appartenait à l'art autant qu'à la religion, que Polygnote vint se fixer. Il y fut accueilli avec une respectueuse admiration ; les amphictyons décrétèrent qu'il était leur hôte et qu'il serait défrayé par le trésor sacré. C'était le plus grand honneur que pût décerner cet auguste conseil. Polygnote, qui était riche, qui avait fait ses preuves de désintéressement et qui allait les faire encore, n'accepta qu'à cause de l'honneur. Il y avait à Delphes un édifice que l'on appelait la *Lesché des Cnidiens*, lieu de repos, où l'on jouissait de la vue de la vallée et de la mer, où l'on respirait la fraîcheur de la fontaine Cassotis, qui coulait au pied de la Lesché avec un doux murmure. Les vieillards, les prêtres, les pèlerins, se rassemblaient pour converser sous les portiques de ce monument, dont les dispositions nous sont peu connues, mais qui semble avoir servi de modèle aux basiliques des Romains. Ses murailles nues appelaient des peintures. Polygnote se chargea d'en décorer les vastes surfaces.

Il entreprit seul un travail qui l'attacha pendant de longues années. Une partie, peut-être la dernière moitié de sa vie, fut consacrée à cette immense tâche. Si un volume suffit à peine pour bien décrire les fresques de Raphaël au Vatican, il n'a pas fallu moins de sept chapitres au Grec Pausanias pour indiquer les sujets qui ornaient la Lesché. Encore ses énumérations sont-elles d'une sécheresse qui ne se peut imaginer : ce sont les notes d'un voyageur qui court et non les appréciations d'un homme de goût ou même les réflexions d'un curieux. Je m'efforcerai toutefois de recueillir, parmi tant de traits confus, ce qui est essentiel et caractéristique. Il est impossible de rendre saisissables et vivantes les œuvres de Polygnote, mais je ne désespère pas d'en faire sentir la grandeur.

D'abord le choix même des sujets nous annonce un penseur dont l'âme est capable des conceptions les plus hautes, et dont les idées graves jusqu'à la sévérité ont toute la force d'un enseignement philosophique. Il était passé pour lui, le temps de la jeunesse, des belles maîtresses, des plaisirs élégants, des illusions qui jettent un voile charmant sur l'avenir. L'âge mûr était arrivé, apportant cette connaissance des hommes et de leurs misères que l'on appelle l'expérience, fruit sans amertume pour les natures élevées, mais dont la saveur est toujours triste. C'est pourquoi Polygnote se proposa de représenter *la Prise de Troie*, c'est-à-dire une des pages les plus lamentables de l'histoire et l'un des exemples insignes de la folie humaine, puisque, pour une femme, cent peuples s'exterminent, jusqu'à ce qu'une ville florissante consente à s'ensevelir sous ses ruines. En même temps Polygnote était porté vers les réflexions plus nobles et plus sombres que ne repoussent point ceux qui avancent dans la vie. Il éprouvait les divins soucis de l'âme qui se sent immortelle, qui croit que la mort n'est point sans lendemain, et qui aime à sonder le monde inconnu où elle s'élancera en quittant le corps. Le lieu qu'il habitait nourrissait de telles pensées, en y mêlant la fermeté de la religion et la douceur de la foi. Aussi ne craignit-il pas de peindre *les Enfers*, séjour des âmes bienheureuses aussi bien que des âmes criminelles, où les héros et les poètes conversent dans les Champs-Elysées, tandis que les coupables gémissent dans le Tartare. Pour qu'Homère restât le lien des deux sujets, le peintre avait choisi le moment où Ulysse descend parmi les mânes et consulte le devin Tirésias.

Ces deux compositions se partageaient tout l'intérieur de la Lesché et se faisaient équilibre. Vastes et compliquées par l'abondance des scènes, elles étaient distribuées avec la sagesse d'ordonnance qu'exigeaient les yeux des Grecs, si amoureux de la clarté ; les frises sculptées qui courent sur les murs des temples comme de légers bandeaux, les vases de grande proportion, où les peintures sont divisées par des zones régulières, peuvent donner une idée du système qu'avait adopté Polygnote. En outre il évitait toute confusion par cet art de simplifier qui est le premier pas vers l'idéal. Un arbre désignait une forêt, deux maisons une ville, une colonne un temple, une draperie l'intérieur d'un palais, une galère une flotte. Par là les personnages, entourés d'air, dégagés des accessoires, conservaient leur importance : une inscription tracée auprès de chacun d'eux évitait toute méprise.

La Prise de Troie n'est point une série de combats. Le peintre a voulu montrer, non la guerre, mais ses conséquences funestes et ses horreurs pleines de leçons. La joie triomphante des Grecs et la ruine de ces Troyens si brillants et si enviés prêtaient à des oppositions touchantes. Voici d'abord le camp des Grecs et les compagnons de Ménélas qui se préparent gaîment au retour. Les matelots et les esclaves se pressent sur le navire, où le pilote Phrontis ajuste le gouvernail. On enlève les tentes fixées depuis dix ans sur la plage. Ithaemène emporte des vêtements, Echéax, qui tient un vase de bronze, descend sur la planche qui sert de pont entre le tillac et le rivage. Hélène, rendue à son époux, n'est point encore embarquée ; elle est assise nonchalamment, tandis que ses femmes la parent et que l'une d'elles, agenouillée, lui attache ses sandales. Briséis et les autres captives qui ont partagé la couche des héros grecs la contemplent dans une attitude expressive que la sculpture a souvent choisie ; et admirent sa beauté. Elle est toujours jeune, toujours belle, toujours reine et triomphante, celle qui a fait couler tant de sang : elle ne semble même pas s'apercevoir des maux qu'elle a causés. Et cependant le peintre a eu soin de réunir, non loin d'elle, les prisonniers troyens, Hélénus, fils de Priam, vêtu de pourpre et plongé dans le désespoir ; Mégès le bras brisé, Lycomède couvert de blessures, Euryale la tête ensanglantée. À côté, les Troyennes destinées à la servitude se livrent également à leur douleur : Andromaque la première, qui s'est voilée la tête et allaite son enfant ; Polyxène, dont la chevelure est nouée à la façon des jeunes vierges et qui sera sacrifiée sur le tombeau d'Achille ; Climène, Créuse, Xénodice, les plus choyées dans la nombreuse famille de Priam. Dinomène, Pisis, Métioché et d'autres Troyennes, assises sur le même lit, sont groupées de la manière la plus charmante. Là Polygnote n'a point résisté au désir de multiplier, avec leurs costumes orientaux, les femmes qu'il excellait à peindre.

Habile à marquer les contrastes et à saisir l'occasion d'immortaliser les traditions attiques, il n'a point oublié AEthra, la mère de Thésée et l'aïeule de Démophon ; chef des Athéniens qui avaient pris part au siège. Esclave des Troyens depuis de longues années, AEthra s'est échappée à la faveur du désordre et réfugiée dans le camp des Grecs. La tête entièrement rasée, vêtue pauvrement, elle a peine à se faire reconnaître par son petit-fils, et invoque le témoignage d'Hélène. Enfin le sage Nestor, chargé de veiller sur les femmes, fragile butin, se tient appuyé sur sa lance ; spectateur de tant d'infortunes, il réfléchit sur les vicissitudes humaines, tandis que son cheval en liberté semble prêt à se rouler sur le sable. Les flots azurés qui bordent cette partie de la composition viennent baigner mollement les galets aux couleurs variées.

Loin du rivage paraissent les murs d'Ilion, qu'Épéus est occupé à démolir de fond en comble : derrière les créneaux s'élève la tête du fameux cheval de bois, machine fatale aux Troyens, dont Épéus était l'inventeur. Les rois grecs sont assemblés autour de l'autel de Minerve ; ils reçoivent le serment d'Ajax, qui jure qu'il n'a point violé Cassandre, la prêtresse inspirée. Cassandre est affaissée vers le sol : elle tient encore la statue de la déesse à laquelle elle s'attachait suppliante quand Ajax l'a entraînée. Ulysse, revêtu de sa cuirasse, accuse Ajax, qu'il espère faire lapider comme impie. Agamemnon et Ménélas écoutent gravement ; sur le bouclier de Ménélas est peint un serpent. On reconnaît auprès d'eux le fils de Pirithoüs, le front ceint d'une bandelette, Acamas, dont le casque est surmonté d'une aigrette. Enfin Ajax étend la main sur l'autel sans quitter son large bouclier.

Pyrrhus, fils d'Achille, n'est point parmi les rois. Dans son ardeur à venger son père, il ne peut se rassasier de carnage. Seul des Grecs, il répand encore du sang quand tous les guerriers ont déposé leurs armes ; il vient d'égorger Elasos, qu'on voit expirer ; il frappe Astinoüs, déjà tombé sur un genou. Un petit enfant, effrayé par ce spectacle, se presse contre un autel. Un eunuque, le crâne rasé, cherche en vain à consoler un autre enfant qui se cache les yeux avec les deux mains. Méduse, fille de Priam, assise à terre, embrasse un piédestal de pierre sur lequel est posé un vase plein d'eau, destiné sans doute à laver les cadavres, car tout l'espace qui suit est couvert de morts : Pélis, nu et couché sur le dos ; Eionée et Admète, qu'on n'a point dépouillés de leurs cuirasses ; Coroebus, le fiancé de Cassandre ; Agénor, le plus brave des guerriers ; Axion, fils de Priam ; Priam lui-même, que ses cheveux blancs n'ont point sauvé. Çà et là s'élèvent dans les rues désertes de la ville des monceaux de cadavres, scène lugubre dont le calme n'est troublé que par Simon et Anchialos, qui emportent le corps de Laomédon. À l'extrémité, une peau de panthère, suspendue au-dessus de la porte, signale la maison d'Anténor, que ce gage de reconnaissance a fait respecter par les Grecs, car Anténor était leur hôte. Anténor auprès de sa fille Crino, qui tient un nouveau-né, la prêtresse Théano avec ses fils, Glaucus assis sur sa forte cuirasse, Eurymaque, sur une pierre, s'abandonnent à la plus profonde douleur. Leur patrie va disparaître, et il ne leur reste qu'à partir pour l'exil. Déjà en effet leurs serviteurs ont chargé sur un âne un coffre et divers meubles ; ils y ont placé en outre un petit enfant.

Ainsi, tout en s'adressant à l'orgueil national des Grecs, puisque chaque peuple prétendait avoir contribué à la chute de Troie, tout en représentant leur triomphe sur l'Asie, triomphe que rajeunissait la défaite récente de Darius et de Xerxès, Polygnote avait voulu toucher les cœurs ; il s'était attaché à rendre moins le drame que ses conséquences lugubres, moins les exploits que les larmes ; il intéressait aux vaincus ; il montrait ce que leur infortune avait d'amer, de pathétique, d'injuste peut-être ; il tempérait la joie féroce qu'inspire la victoire par les émotions de la pitié, plus dignes d'un siècle civilisé. C'était tirer du sujet sa moralité la plus haute.

La peinture des *Enfers* n'était pas traitée avec moins d'élévation ni moins de liberté peut-être, bien que les traditions religieuses enchaînassent l'artiste, surtout dans un sanctuaire tel que

Delphes. Les impressions salutaires de la terreur n'y avaient point été épargnées. Le fleuve Achéron frappe d'abord les regards. De grands roseaux y croissent comme dans un marais ; des poissons se distinguent à travers l'onde transparente, si maigres, qu'on dirait des ombres de poissons. La barque de Caron traverse le fleuve, le nocher infernal est à ses rames. Parmi les morts qu'il transporte, foule sans nom, Tellis, aïeul du poète Archiloque, Cléobée, vierge qui avait établi à Thasos les mystères de Cérès, sont seuls désignés par une inscription. Cléobée tient sur ses genoux la corbeille sacrée. Polygnote avait voulu donner place aux souvenirs du pays natal et illustrer ainsi sa petite île de Thasos. Sur la rive de l'Achéron, un fils ingrat est étranglé par son père ; un sacrilège est livré à une furie qui le torture : rapprochement hardi qui mettait le respect du pouvoir paternel au même rang que le respect des dieux. Au-dessus de ces misérables paraît Eurynomos, dieu hideux, symbole de la destruction, à laquelle n'échappent ni la jeunesse ni la beauté, car c'est lui qui dévore les chairs des cadavres jusqu'à ce qu'il ne reste que des ossements blanchis. Sa couleur (je traduis Pausanias) est un mélange de bleu et de noir, semblable à la couleur des grosses mouches qui se posent sur la viande : il montre ses dents insatiables et est assis sur la dépouille d'un vautour.

Ce seuil des enfers franchi, Périmède et Euryloque, compagnons d'Ulysse, portent sur leurs épaules des béliers noirs destinés au sacrifice. Ulysse lui-même est à genoux devant le fossé où coule le sang des victimes. Le devin Tirésias s'approche pour goûter au sang. Anticlée, mère d'Ulysse, est derrière Tirésias, puis Elpénor, qui a gardé son costume de matelot : tel il s'était précipité, dans les incertitudes du réveil, de la terrasse où il s'était endormi chez Circé. Mais la présence de quelques vivants n'est qu'un épisode dans ce monde silencieux, immuable, où les âmes sont plongées. Les supplices recommencent aussitôt. Voici l'indolent Ocnos, image de la vie mal employée, qui tresse une corde de jonc, tandis que son ânesse, placée derrière lui, la mange à mesure qu'il la tresse. Le géant Tityе, dont le foie est rongé par un vautour, est épuisé par la souffrance, et semble toujours près de mourir ; ses yeux sont couverts d'un nuage, comme ceux des gens qui s'évanouissent. Ariadne est assise sur un rocher, et elle contemple sa sœur, sa rivale, Phèdre l'incestueuse, qui s'est pendue, et qui se cramponne de ses deux mains au lacet qui l'étouffe. Par opposition, Polygnote a placé auprès d'elles deux femmes qui avaient été un modèle d'amitié sur la terre : Thya, qui tient Chloris sur ses genoux. Au contraire, Procris, première femme de Céphale, et Clymène, sa seconde femme, se tournent le dos. La Thébaine Mégara, répudiée par Hercule, Ériphyle et la fille de Salmonée sont ensuite réunies. La main d'Ériphyle est passée sous sa tunique, et le bout des doigts sort au-dessous du cou : on devine qu'elle cache le célèbre collier qui a payé sa trahison.

Thésée et Pirithoüs sont sur des trônes. Thésée tient d'une main son épée, de l'autre l'épée de son ami. Pirithoüs contemple avec indignation ces armes qui les ont si mal servis quand ils ont tenté d'enlever Proserpine. Les deux héros expient leur audace : ils ne sont pas retenus sur les trônes par des chaînes, à la façon des captifs ; mais leur corps semble avoir pris racine sur le marbre et s'y être incrusté. Un tableau plus riant se présente ensuite : Clytie et Gamiro, filles de Pandarus, que les harpies ont enlevées à la fleur de l'adolescence, sont couronnées de fleurs et jouent aux osselets (qui ne se souvient du merveilleux dessin trouvé à Pompéi ?). Une mort précoce n'avait point interrompu les innocents plaisirs qu'elles continuaient dans les enfers.

Bientôt paraissent les héros homériques ou les sages des temps plus reculés, qui goûtent dans les Champs-Elysées une vie qui devrait être exempte de soucis ; mais ils n'ont laissé sur la terre ni leurs affections ni leurs haines. Les Grecs sont d'un côté, les Troyens de l'autre. Parmi les Grecs, on distingue Antiloque, la tête appuyée sur ses deux mains, Agamemnon, qui tient son sceptre, Protésilas, qui regarde Achille et Patrocle, que rien ne sépare plus. À l'écart, les ennemis d'Ulysse jouent aux dés, Ajax, Palamède, Thersite ; l'autre Ajax reste spectateur ; il est encore couvert de l'écume et du sel de la mer, comme un homme qui a péri dans un naufrage. Parmi les Troyens, on voit Hector assis, croisant ses mains sur son genou gauche et livré à une éternelle douleur, Sarpédon qui se cache le visage, Memnon sur le vêtement duquel sont brodés des oiseaux ; un nègre rappelle que Memnon régnait sur les Éthiopiens. Paris, encore imberbe, frappe dans ses mains, à la façon des pâtres, pour appeler Penthésilée ; mais la reine des

Section III

Amazones, qui a dédaigné son amour quand ils vivaient, fronce les sourcils et le regarde avec mépris. Actéon et sa mère sont assis sur une peau de cerf et caressent un petit faon ; un chien de chasse est couché auprès d'Actéon. Orphée est adossé à un saule planté sur le tombeau d'Eurydice ; il caresse mélancoliquement les feuilles de l'arbre qui se penchent vers lui, sa main gauche tient la lyre. De l'autre côté de l'arbre est Promédon, l'un des admirateurs d'Orphée pendant sa vie. Schédios, tenant un poignard, le front couronné d'herbes, Pélias, dont les cheveux sont blancs, regardent également Orphée. Auprès de Pélias est assis Thamyris, aveugle, désespéré, la barbe en désordre ; à ses pieds gît sa lyre, dont les cordes sont brisées. Marsyas apprend à Olympus à tenir la double flûte.

Alors recommencent les supplices qui terminent la composition et servent de pendant à l'extrémité opposée. Des rochers escarpés se dressent, et Sisyphe s'efforce de rouler jusqu'à leur sommet l'énorme pierre qui retombe sans cesse. Une femme et une jeune fille portent de l'eau dans des vases brisés. Polygnote figurait ainsi les âmes qui n'avaient point été initiées aux mystères et qui ne s'étaient point rendues capables de contenir les vérités qu'on y révélait. D'autres femmes, un jeune homme, un vieillard, portent également des fragments de vases ou rejettent aussitôt dans le tonneau l'eau qu'ils y ont puisée : c'étaient ceux qui pendant leur vie avaient méprisé l'initiation d'Eleusis. Enfin paraît Tantale, dévoré par la faim et la soif ; à ce supplice le peintre avait ajouté la terreur qu'inspire au misérable un rocher suspendu au-dessus de sa tête.

Telles étaient ces deux immenses pages, dont les anciens ont admiré l'abondance et la beauté, que les modernes ne peuvent qu'entrevoir et qui ne doivent se comparer qu'aux plus grandes œuvres de l'Italie : à l'église d'Assise, décorée par Giotto, à la chapelle Sixtine, aux fresques du Vatican. Si les peintures du Campo-Santo de Pise étaient d'un seul auteur, je le citerais plus volontiers encore à cause de ses portiques et de son plan, qui n'est pas sans affinité peut-être avec le plan de la Lesché de Delphes.

Quand Polygnote a terminé une entreprise aussi magnifique, nous perdons sa trace. Qu'est-il devenu ? A-t-il achevé sa vie à Delphes, entouré d'honneurs, jouissant de la reconnaissance publique et de sa gloire ? Est-il retourné à Athènes, attiré par l'éclat croissant du règne de Périclès et le désir de voir les chefs-d'œuvre de ses successeurs ? A-t-il voulu enfin revoir l'île de Thasos et mourir aux lieux où il était né ? Nous l'ignorons, et le silence de l'histoire n'a rien qui nuise à la renommée de Polygnote. Si les détails de sa vie nous échappent, ses œuvres nous sont décrites par les historiens de l'art. L'homme reste dans l'ombre, mais son génie n'en brille que d'une plus pure lumière.

Section IV

Polygnote fit faire à la peinture grecque un pas immense. Entre lui et les artistes qui l'ont précédé, il y a plus de distance encore qu'entre Phidias et les sculpteurs de l'époque éginétique. Phidias ne brise les entraves de l'ancien style qu'après s'être nourri de ses fortes traditions, et après avoir emprunté aux écoles doriennes la science solide et précise qui soutiendra sa liberté toute-puissante et sa personnalité. Polygnote trouve l'art beaucoup plus imparfait ; avant de créer de belles choses, il faut qu'il invente lui-même des procédés et qu'il étende les limites matérielles de la peinture. C'est lui qui enseigne l'emploi de l'*ocre attique* et tire une couleur nouvelle des résidus du pressoir. C'est lui qui fait le premier essai de la peinture à la cire. Malgré ces découvertes, les anciens le comptent parmi les peintres qui ne se sont servis que de *quatre couleurs*. Que devaient donc faire les artistes qui vivaient avant lui ?

Toutefois on ne doit pas croire qu'une palette de quatre couleurs soit pauvre et sans ressources. Le rouge, le jaune, le bleu, le blanc, se prêtent à des combinaisons sans nombre, qui suffisent pour produire un coloris éclatant. Tel tableau de Velasquez, le *Couronnement de la Vierge* par exemple, n'est peint qu'avec du rouge et du bleu ; mais quelle gamme de tons ! quelle variété de violets et de nuances intermédiaires ! Polygnote, avec ses couleurs primitives, n'obtient pas des effets moins heureux. Il excellait à rendre la beauté des femmes, leurs coiffures brillantes, leurs parures aux nuances variées ; il semait sur les étoffes des fleurs et des oiseaux, il faisait sentir la transparence des eaux ; il montrait

Ajax encore couvert de l'écume des flots qui l'avaient submergé ; il ne reculait même pas devant le genre fantastique, et donnait au démon qui ronge les cadavres l'aspect d'une mouche diaprée. Quintilien nous affirme que le coloris de Polygnote avait des admirateurs passionnés. Les modernes n'admirent-ils pas en effet le coloris des peintres primitifs, soit qu'ils relèvent des Byzantins, soit qu'ils aient profité des leçons de Van-Eyck ? Le premier, Polygnote rompt l'immobilité traditionnelle des figures peintes. Il anime les traits de ses personnages, leur fait exprimer la tristesse ou la joie, la pudeur ou la colère. C'est à l'aide de la couleur qu'un artiste surmonte ces difficultés, de même qu'il ne peut représenter qu'à l'aide de la couleur le charme d'un visage féminin. Lucien, dont le goût était exquis en toutes choses, décrivant la *Cassandre* de Polygnote, vante l'arc élégant de ses sourcils, la grâce décente de ses paupières, la rougeur aimable de ses joues, ses vêtements où la finesse du tissu est surpassée par la finesse du pinceau, l'art des ajustements, soit que les draperies modèlent les formes, soit qu'elles flottent librement comme si le vent les agitait. Ces voiles transparents, ces frémissements de l'air, ces caresses de l'étoffe qui s'applique au corps, ne font-ils pas songer aux premiers tableaux de Raphaël ?

En même temps le dessin de Polygnote frappait par sa simplicité grave. La noblesse des lignes n'excluait point la liberté ; la fermeté sculpturale des attitudes était tempérée par la grâce. Une naïveté touchante s'alliait à un certain rythme religieux. Les vases peints du siècle de Périclès, où les sujets tirés d'Homère sont fréquents et copiés peut-être sur les œuvres de Polygnote, peuvent nous donner une idée de ce style élégant et grandiose. La fécondité de l'artiste était prodigieuse : l'abondance de ses compositions n'a été égalée par aucun autre peintre grec. Il a fait quelquefois des portraits, il a consulté la nature comme Masaccio ; mais ses types lui appartenaient par un enfantement tout idéal. Il s'inspirait des créations les plus sublimes de l'épopée et de la mythologie, ces chefs-d'œuvre inimitables de l'esprit grec. Son imagination s'élevait à mesure que les monuments qu'il ornait étaient plus vastes. Exemple mémorable de ce que peut la peinture décorative et de la puissance qu'elle emprunte à l'architecture !

Enfin le trait dominant de la physionomie de Polygnote, c'est une hauteur de pensées qui lui était aussi naturelle que l'air qu'il respirait, car elle prenait sa source dans son indépendance. N'attendre rien des autres est une force merveilleuse ; leur donner toujours, c'est leur être toujours supérieur. Une sérénité que rien ne pouvait atteindre, un désintéressement unique dans l'histoire, la douceur sans mélange d'être admiré, cette royale magnificence qui promenait ses dons de ville en ville et se répandait en œuvres immortelles, le droit de tout oser, mais un respect de soi qui réglait cette audace, une foi profonde qui s'alliait au culte du beau, la pratique de l'art considéré comme une sorte de sacerdoce, tel était le secret de la grandeur de Polygnote. Quel modèle à proposer aux artistes de tous les temps ! quelle vie heureuse, et plus tard quelle mémoire révérée parmi les Grecs ! Ni Zeuxis ni Timanthe ne l'effacèrent, ni Apelle ni Protogène ne le firent oublier. Plus savants, ils paraissent moins grands auprès de lui. Leurs tableaux faisaient plus de plaisir, parce qu'ils étaient parfaits ; mais leurs conceptions s'enfermaient dans un cadre étroit : elles n'avaient point ce sceau divin qui s'appelle la beauté morale. Quand les philosophes voulaient éveiller chez les jeunes gens de nobles aspirations, propres à former des hommes d'état ou des portes, ils les envoyaient devant les peintures de Polygnote. Ils savaient qu'il excellait à saisir le caractère de ses personnages, à faire comprendre leur côté héroïque, de même qu'Eschyle et Sophocle dans leurs tragédies, et à produire par conséquent l'émulation généreuse qui alimente le sentiment moral. Ils savaient que les scènes qu'il avait retracées feraient naître en foule les réflexions, mères de la sagesse, car la peinture des calamités humaines, de la guerre et de ses fureurs, fertiles en injustices autant qu'en exploits, les retours immérités de la fortune, étaient opposés aux images de la mort, des enfers, de la vie future : la pitié pour la destinée des autres et le souci de notre propre destinée sont un double enseignement. Ils savaient surtout que ceux-là agissent sur les âmes qui s'élèvent aux idées générales, qui simplifient la nature pour en tirer des types, et qui dégagent l'art de la diversité des formes pour lui imprimer cette unité supérieure qui est la beauté. Zénon déclarait qu'il était devenu philosophe devant les peintures de Polygnote. Aristote, ce logicien plus capable de rigueur que d'enthousiasme, disait à ses disciples : « Passez devant ces peintres qui représentent les

Section IV

hommes tels qu'ils les voient ; fuyez Pauson, qui les peint plus laids ; arrêtez-vous devant Polygnote, qui les fait plus beaux qu'ils ne sont. » Le même éloge devait être adressé bientôt à Phidias : il résume la grande école idéale qui assura au siècle de Périclès une splendeur que l'humanité ne retrouvera jamais.

www.ingramcontent.com/pod-product-compliance
Lightning Source LLC
Chambersburg PA
CBHW050251230526
45470CB00005B/2213